JN436285

저녁, 안으로 들다

박석환: 밥 존스 신학대(Bob Jones University, BJU) 졸업, 2011년 순암 안정복 선생 추모 전국 백일장 시 최우수상, 2014년 광주문화원 공모 광주 노랫말 당선, 2018년 〈광주문학〉 신인문학상 수상, 대한예수교 장로회 총회장 및 호산나교회 담임목사 역임

- E-mail: storylove8732@hanmail.net
- Mobile: 010-4296-8732

다층현대시인선 175

저녁, 안으로 들다

발행일 2023년 8월 30일
지은이 박석환
펴낸이 김동진
펴낸곳 도서출판 다층
등록번호 제27호
주소 (63211)제주특별자치도 제주시 오복5길 10, 1층
전화 (064)757-2265/FAX(064)725-2265
E-mail dc2121@empas.com

ⓒ 박석환, 2022. Printed in Jeju, Korea

ISBN 978-89-5744-110-7 03810

값 10,000원

* 지은이와 협의하여 인지를 생략합니다.
* 본 책의 내용 전부 또는 일부를 다른 매체에 소개하고자 할 때에는 저자와 본사의 동의를 얻어야 합니다.

다층현대시인선 175

박석환 시집

저녁, 안으로 들다

다층

* 페이지 시작과 끝부분에 〉표시는 연을 구분하는 표시입니다.

시인의 말

어지러운 세상입니다.
다가올 세상에는 진실이 사라지고
'새로운 질서'라는 이름으로
선과 악이 뒤섞이고
전통의 가치는 무력해지겠지요.

속이는 자가 천하를 얻는다는 말이
오래전부터 들려 온 만큼
거짓 선지자들의 외침은 갈수록 힘을 얻으며
부유물처럼 떠도는 영혼을 낚아챌 것입니다.

이렇게 어둠이 짙어가는 시대에도
사랑하며 사는 것만큼 고마운 일은 없습니다.
소박하게 살아가며
아름다움을 노래할 수 있다면 귀한 일이고요.

잠시 머물렀던 자리 매듭짓는 마음으로
어설프나마 고마움과 그리움과 사랑을 담았습니다.
꼭 전하고 싶었던 말도 슬쩍 올려 보았습니다.

이 책을 접하는 여러분 모두에게
하늘의 은혜가 함께하시길 기도하며.

2023년 가을 입구에
박석환

차례

제2부 나를 책망하다

제3부 일몰

제1부 구석진 곳에서

이른 봄

도시살이에 찌든 마음
맑은 봄빛에 씻어 볼까
아침나절 산길에 오른다.

산어귀엔 멥새 두어 마리
자드락 땅에는 꽃샘추위의 냉기 몇 줌

묵정밭 더부룩 사잇길
이름 모를 무덤가에
할미꽃 몇 송이

무슨 뜻일까,
어디선가 까마귀가 까아악 울어댄다.

저녁, 안으로 들다

어머니 산소에 이르는 길도 귀향의 길일까
석류알처럼 맺힌 노을 한 자락에서
어머니의 과거와 만나는 일
노고초 몇 포기 수염 다독거린
잡초에 묻힌 날들 헤집고
돌비 하나 꺼내는 일도
수구초심(首丘初心)과 같음일까

이제는 망극의 슬픈 침묵도
와삭거린 나뭇잎 사이로 삭아가고
까마귀 소리마저
잠들어 쓸쓸한 곳

계절이 지나갔을 들꽃 사잇길
사라지는 것도 잠깐,
누가 다져놓았는지
지난날 기억 찾아올 때쯤
저만큼 쥐 죽은 듯 숨어버린

무자리 설움 같은 귀뚜라미 소리

묵어가는 자드락밭 귀퉁이
호미 끝에 묻힌 어머니의 사연
노을빛 물들어가는 돌비에서
다시금 들춰보는 역정(歷程)의 유사기(遺事記)
어둠으로 잡혀가는 순간,
나는 쓸쓸히 돌아서고 만다.

양지(陽地)

살포시 고개 숙인 채
텃밭 귀퉁이에 오보록이 앉아 있는 할미꽃
그리움은 봄날의 구석진 곳에서
졸고 있다.

아직 쌀쌀한 그늘
초승달 굽은 허리에
먼 세월 저쪽을 향해
그리움만 간직한 꽃

멀리 송아지 울음소리
산울림으로 들려 올 때쯤
뒷짐 진 봄볕
서서히 발길을 옮긴다.

새해

해가 지기 전에
그대에게 편지를 써야겠네.
삼백예순다섯 발자국 옮겨 딛으며
결별을 손짓한 그대여.

마음속 숱한 말을
어찌 다
할 수 있겠는가.

고작 안녕이란 말을
고별사로 적어 보냈으니
너무 섭섭해하지도
노여워하지도 말게나.

그대여, 또 한 해가 왔다고
오래 묵은 기지개를 펼치기엔
마냥 쑥스러워

묵묵히

조금 더 기쁜 내일을 바랄 뿐.

코로나 19

곤죽처럼 질퍽한 정체일까,
행여 이웃에 누를 끼칠세라
조심스러운 나날

뭇사람 드나드는 일터에 찾아온
망조(亡兆)의 바이러스
자물쇠를 채워 출입을 엄금한다.

어느 무기력한 날에는
탕기의 한약처럼
부글부글 증식하여
무증상 발열로 생명을
갉아 먹기도 하였다.

치료의 감옥에서는
생명이 서서히 식어갔는데
아내가 그러했고 남편이 그러했다.
〉

정녕 군중을 괴멸시키려는

사악한 음모였을까.

팽목항 앞에서 (1)

출항의 뱃고동 메아리치는
수학 여행길
들뜬 아이들은
장다리꽃 무리처럼 4월을 장식했다

짙은 물안개 헤쳐 나가는
항해의 여정
뱃전을 삼키는 파도에 물거품 일고
순식간에 기운 배 안에서
아이들은 순한 양처럼
검은 천사를 따라갔다.

그들의 떠남을 지켜본
목격자는 사라지고
진실은 매장당하며
생명의 행방은 비밀에 부쳐지고

그날, 바닷속에 잠긴 아이들은

풍문으로만 남을 것인가.

숱한 증언에도
부모의 마음 갈가리 찢기고
노란 리본들
줄을 지어 눈물 흘린다.

팽목항 앞에서 (2)

4월의 햇살은
왈칵 울리는 뱃고동 소리

떠들썩한 아이들의 한나절 꿈

파도 속에 묻혀버린
가슴 먹먹한 이름들
고통스러운 기억

뻘밭에서 캐어낸
조개껍데기던가, 세월호.

출렁이는 팽목항 파도 위로
꽃들이 흐르며
목놓아 우는 소리 들린다.

5월의 축제

위례성 젖줄 경안천
밤마다 찾아드는 여린 달
천년이 가고 또 와도
변함없을 운무의 땅

하루가 잦아드는 노을 길에
예능의 손끝이
미래의 지도를 그린다.

눈 비 뿌린 자국
꿋꿋이 너른 땅
춤과 가락으로 자지러진 풍류의 자리

너울춤 어른거려
시의 숨결 거드는 북소리
흥부의 제비를 불러내고

봄이 익어가는 들녘

보릿고개 넘나들던 뻐꾸기 소리
5월의 북소리 하늘 끝을 울리면

봄날의 짧은 구간을
오가는 이들 노닐어도 좋으리.

단풍놀이

산 그늘 내려온 듯한 산천
단풍으로 덧입은 발길들
붉음의 소리

느즈러진 가을에는
다람쥐의 빈손이 안쓰럽고

해설피 흘러간 청춘
은발 머리 애처로워

덩실덩실 춤추는 흥겨움에
노을이 가라앉는다.

의자

내 안에
당신의 의자를 놓아두었소

나를 위해 당신도
의자 하나 놓아주구려

마음 무겁고 지칠 때
잠시라도
쉬어 갈 수 있게.

폭설

고향 눈 소식이 전해오던 날
해거름부터 시작한 진눈깨비는
갑자기 눈사태로 변하고
온 세상이 눈 속에 묻혀버렸다

나무들은 오히려 눈꽃을 반기는데
폭설 주의보가 내렸다
밤 동안 쌓인 눈은
소복 차림의 여인처럼
햇볕 한 줌의 그리움도 삭히지 못하고

군주의 폭정에 눌린 듯
무거운 긴장으로
느릿느릿 움직이는 거리

고향에도
겨울 한 철을 위한 백발 같은 눈
한꺼번에 쏟아지고 있을까.

〉

폭설이 군림하는 한

겨울은 침몰하지 않을 것이다.

밤눈

창문 밖 어둠 속에 묻힌
옛 소식들이
인적 드문 골목에
성큼성큼 내려앉는다

휘날리는 눈발들
저렇듯 묵직한 소리가 있을까
나뭇가지마다 엉겨 붙은 눈꽃과
그 사이로 졸고 있는 달빛

어쩜 마실 다니던 옛 기억을
꽃 피우는지도 모르지

어둠 덮인 산기슭
나직한 부엉이 소리로 오가던
향수 어린 소심한 사연들이
조용히 쌓여 간다.

광주의 노래

이 나라 한복판에 충효의 고장
남한산성 수어장대 우뚝 서 있고
불굴의 충혼들이 잠든 정충 묘
임 그려 애태워 찾는 소쩍새 소리
광주는 번창하리
오늘도 내일도
청석 공원 푸른 잔디
마음 풍요롭다

오백 년 숨결 빚은 도자기 내력
너른 고을 향기 담은 숭고한
기교 대대로 이으리
문화의 갈무리
숭열전 발자취 청산에 머무는가
하늘이 지켜주네
천만 대 푸른 광주

경안천은 말없이

꿈 찾아 흘러가네

* 광주 노랫말 공모 당선작

제2부 나를 책망하다

아담의 행방

말씀이 거니는 동산은
그윽한 평화로움이었겠다

탐심을 부를 만큼
아름다웠던 선악과는
어느 곳에 있었을까

뱀의 혀는 붉고
아침은 달콤했을 터.

신처럼 되고 싶었던 인간의 욕심이
알몸으로 드러났을 때
허둥지둥 부끄러웠겠지,

아담아, 네가 어디 있느냐
들려오는 목소리에
뒷걸음치던 변명
무엇으로도 가릴 수 없는 참담함.

〉

그때 아담은 이브를 밀치고
도망쳐야 했을까,
그러지 못하여 후회했을까,
공범으로 남아
사랑하며 죽어가기를 원했던 것일까.

주여, 어디로 가시나이까

세상의 고난은
골고다 언덕에 오르는가

예언자들의
세상을 향한 외침

불타는 로마의 성
죄악의 잿더미도
골고다 언덕에 오르는가

마침내 생명의 싹을 틔운
십자가의 능력
영혼을 깨우는 새로운 구원의 질서

물 위를 걷던 믿음
비를 부르는 갈망의 기도
푸른 초장을 향한 부르짖음
〉

골고다 언덕

십자가로 향하였는가.

기도 (1)

그대 아직도 깊은 잠 속에 있는가
내 조급함으로
감람나무 잎사귀 한 잎 물어왔네, 그려.

법궤를 끌고 가던 암소 소리 들리거든
모리아 산 오르기 전
아브라함의 밤을 기억하게나

외아들을 위해 지새운 그 밤
그가 준비한 것은
굵은 밧줄과 예리한 칼.

어둠 덮인 한밤중
발걸음 소리 가까워
열렸던 문
곧 닫힐 시각일세.

기도 (2)

방황하는 오전과
지친 오후
햇살은 구름을 뚫고 빛나고
가난한 영혼은 무시로 위로가 필요하다

무릎 꿇음 없이는 잡음뿐인
달콤한 언어
혀에 달라붙은 어리석음의 연속

침묵은 소리 없는 방언
쉬임없는 간구

나의 사상과 행동은 늘 고발당하니
벧엘의 밤 사닥다리의
고독한 싸움이 벌어진다.

부활의 아침

달빛 괴괴한 새벽을 뚫고
동이 텄다.

슬픔으로 지새운 밤
옷깃 여미며 달려온 여인들은
빈 무덤 앞에서 천사들을 보았다.

무덤을 지키다 도망친 로마 병정들이
헛소문의 진원지가 될 즈음
여인들은 제자들에게 소식을 전했다.

— 그가 살아나셨다!
— 그가 말씀대로 다시 살아나셨다!

믿는 것과
믿지 않는 것은
자신들의 몫.
〉

그사이 산 노루 같은 여인
또 다른 동네를 찾아 나섰고

이미 온 유대와 사마리아와
땅끝을 향하여
숨 가쁘게 달려가고 있었다.

강가에서 (1)

며칠 사이 찰랑거리던 강물이
맑은 유리 바닥이 되었다.

호흡을 멈춘 시간 위로
햇살이 쏟아지고
백로 한 마리
잘려 나간 시간을
한쪽 다리로 딛고 서 있다.

나머지의 생은
허공 위에 두었을까,

붉은 황혼에도
사위지 않는 차가운 풍경
공중을 떠돌던 나날
허기를 안은 사람들이 서글프다.

어디에서 날아왔을까

밀려오는 어스름

돌아갈 시간이 가깝다.

강가에서 (2)

인적 드문 강변
푸르름을 갈구하는
미루나무 몇 그루
인사도 없이 떠나버린
가을이 야속하다.

쇠잔해가는 눈으로
물안개 속을 누비며
강물을 뒤적이는 물오리 떼
걱정스러운 공복의 시간

물방울 투덜대는 여울목에서
죽지에 부리를 파묻고
부르짖던 세월
결코 청승은 아니었으니

햇볕 서성대는 해거름 강변에

빛날 아침을 위하여

고요히 머리 숙인다.

나를 책망하다

허욕에 찬 젊음은 조급하고
고통과 압제와 굴욕에 항거한다.

일시적 절망과 분노에 익숙하고
감사와 자족은 외면하기 쉽다.

끈질긴 생명력을 자랑하는 자아
— 내 인생의 주인은 나다.
　영광 또한 나의 것이다.

자신을 버리고
십자가에 못 박아
날마다 죽어야 하는 길임을
번번이 잊어버리니

아직 만용에 들뜬 나는
시퍼런 젊은이가 틀림없다.
〉

나이 든 몸 나날이 쇠락해
마지막 불꽃을 피우는데
내 안의 생
쉼 없이 펄럭거려
죽어지지 아니하니

나, 언제쯤
성결한 옷 덧입고
그분 앞에 나아갈까.

무궁화

싸리울 가에
살며시 얼굴 들고
뜬 눈으로 아침 이슬 빗어
꽃 피운 너

어제는 두어 송이
오늘은 여섯 송이 피어나
소박한 웃음

오천 년 비바람 속의 기개
온갖 수난 속에서도
안녕을 간구하더니
보아라,
새로운 사명이 당도했다.

너, 샤론의 꽃 무궁화여

옛 선지자의 약속을 기억하라.

* 성경에 나오는 '샤론의 꽃'이 바로 '무궁화'라고 한다.

봄소식

아프기에 감사를 배웠다
슬프기에 기쁨을 알았다
그리움이 사랑을 잉태했고
모진 바람 속에
깊은 뿌리를 내렸다.

그리고 그 모든 것은 그분이 계셔서 가능했다.
교만과 무절제와 게으름의
묵은 가지 꺾어내고
오늘과 내일의 햇빛 속에
새순이 자라도록 하였으니
비로소 나의 오늘과 내일이
존재하게 되었다.

이제야 고개 들어보니
새로운 봄,
저기 들판 너머에서
부랴부랴 건너오고 있다

〉

진실로 한 알의 밀은 땅에 떨어져

죽음으로 많은 열매를 맺나니.

사랑이었네

등으로 짊어지면
짐이 되고

가슴으로 품으면
사랑이랍니다

당신은 나에게
짐이 되지 않기를 바라셨지만

나에겐
무거웠던 십자가

— 수고하고 무거운 짐 진 자
　다 내게로 오라
그 말씀 이제야 생각합니다.

자선냄비

상승하지 못한 체온으로
으스스한 12월

거리마다 흩날리는 진눈깨비처럼
종종대는 사람들

사랑이란 명사도 형용사도 아닌
움직이는 동사라는
어떤 이의 일갈처럼
애타게 부르짖는 목쉰 종소리
뎅그렁뎅그렁.

소돔 성문에 앉았던 롯은
무엇을 보았길래
애통해하는 가슴 하늘에 닿았을까.

자비 없는 거리엔 취객들만 비틀비틀
불빛마저 외롭다.

제3부 일몰

봄을 기다리며

철없는 바람은
갈대밭을 쓰석거리고

덤불 속 멥새는
성급한 꿈을 꾼다.

아직은 이른 봄
설익은 우리의 기도
어디쯤 이르렀을까.

헌신

아내의 노래 제목은 먼 날의 꿈,
피로에 쌓인 퇴근길에는
큰딸 애 고등학교 입학금이
울먹이고 있었다.

첫 새벽을 동동거려
출퇴근 통근 차를 올라탐으로
버스비 140원을 지켜냈던 교육열.

내가 신학교에 들어가자
여섯 명의 학생을 뒷바라지해야 했던
두 손에는 갖가지 일감이 주어졌다.

여며지지 않은 기억을 꿰매기 위해
바둥거리는 손처럼
일상은 일과 일의 연속이었다.

일이 곧 기도였고

부어드리는 제사였다.

수고의 열매가 맺힐 즈음
아내의 가슴 속에는
버드나무 한 그루가 살고 있다고 했다.
까치 집을 머리에 이고 깍깍 울어대던
고향 집의 키 큰 버드나무.

정성스레 가꾸던 꽃밭과
산 울에 서걱대던 댓잎 소리도
그립다고 했다.

이별

그날 밤 창밖엔
비가 내렸던가,
함박눈이 내렸던가.

한 가닥 실오라기 같은
희망의 끝에서
호흡기는 밤새 안녕하였는지.

맥박에 귀 기울이는 동안
숨을 가늠할 수 없던 아우여,

나는 끝내 말씀 하나 건네지 못하고
소망의 기도조차 올리지 못하였구나
고집스러운 한 생의 인연도
그렇게 끝이 나고 말았구나

그래, 아우여
떠나가는 그 길에

내 슬픔도 함께 보내니
이제 서러운 땅은 그만 잊어라
정녕 잊지 못하겠거든
네 자녀를 위해서 울어라.

나 홀로 걸어가는 이 길
돌아보며
돌아보며
고통스러운 숨이 길다.

일몰

창조의 장엄한 순간,
온 생을 불태운
마지막 작열(灼熱)

세상을 열기로
가득 채웠던 삶의 원천
온 생을 내뿜어
마지막 심장을 터뜨려
핏물 쏟은 서천이 흐르고

저 핏덩이 식어가기까지
고요와 어둠을 헤치고
내일의 찬란한 아침으로
부활하려는 숨 고름.

후회

평생이 씀바귀나물의 씁쓸함이었다.
한 번도 파릇파릇한 사연을
들어본 적이 없다.

달빛을 등불 삼아 살던 삶은
자식들을 위해서 존재했고

보릿고개 무서운 산등성이를
넘었던 손과 발

베 길쌈 물레 소리로
덜거덕거리던 밤조차
그리움으로 쌓여가는데,

다시는 만 날 수 없는
어
머
니

〉

임종을 지키지 못한 불효

부쩍 생겨난 버릇

아무도 몰래 흐르는 눈물을 훔치는 일.

은퇴

오래된 진실은 잠언과 같다.
침침한 눈으로 읽어 내려가는
시편 구절들

말씀의 당나귀가 되어
전하던 향기로운 은유

당신이 뿌린 씨앗은
푸른 밭을 이루고

5월의 구름은
지상으로 내려와 대지를 적시는
은혜로운 이 계절
못내 떠나야 하는 걸음

순결한 시간
오래도록 화창하기를.

약속은 사라지고

들뜬 마음으로 달려온 차창에
눈송이 휘날려 부딪친다.
침묵의 세월 깊어지면
무덤,
오랜 우정도 한이 되고.

불꽃 같던 시절
우리의 약속은
표표히 흩어져
정적의 뜨락에 잡초로 돋았구나.

덧없어라, 친구여.
그대는 넓은 길을
나는 좁은 길을 헤매며 다녔지.

그대의 젊음은
한 송이 꽃으로 남겨지고
〉

간절한 바람마저 깨뜨리는
긴 세월을 소비하였으니

산바람 서성대는
침묵의 봉우리 앞에서
나 오늘
서러운 그늘만 늘이고 있네.

어느 미망인

몇 날이 지났을까,
사방이 어둠,
지독한 병고에 시달린 탓에
해와 달과 별도 자취를 감추었고
그의 아내만이 자리를 지켰다.

존재했다는 것은 신화가 아니다.
역사이고 진실이다.
세상의 모든 생은
죽음을 통과하기 마련이라

그녀는 휘휘 자신을 둘러싼
삶을 바라보고는 체념한 듯

한기에 움츠린 몸을 꼿꼿이 세우고
새싹 움트는 봄날의 온기를
의심 없이 받아 마시며
부드럽게 소망의 아침을 이야기하더니

〉

영원으로 들어가는

문을 마주하자

함께한 일생의 수고에

조용히 감사하며 돌아섰다.

아이에게

너는,

아직 작고 연약한 아이

부드럽게 휘며

자기의 부족을 부끄럼 없이 드러낸다

기쁨으로 반짝이며

향기를 내뿜으니

노래와 동화가 너의 친구다

행복과 감사로 옷 입었으니

빠르지 않아도

넓지 않아도

뛰어나지 않아도

사랑 깊을 것이다

때가 이르면

뿌리 깊이 박힌 나무처럼

쭉쭉 뻗은 가지마다

온갖 새들 깃들어 기뻐할 것이니.

아들에게

슬픔이, 고통이,
너를 찾아 달려왔더냐?
그 괴롬 심하여
네 맘 갈기갈기 찢어졌더냐?

그것은 바로
너를 부르시는 그분의 음성
너를 만지시는 그분의 손길

그때 너는
울음을 멈추고
조용히 엎드려 기다리렴.

모든 일엔 정한 때가 있으니
먹구름 깊어 비 쏟아진 뒤엔
새롭게 빛나는 날 찾아오리라

폭풍이 지나면

바다도 깨끗이 씻겨지고
모든 것을 협력하여
선을 이루시는 그분의 손길,

자식 잃은 어미라도
슬퍼 말 것은
생명의 호흡
그날에 도로 찾아 주심이라.

도자기 굽는 날

산천에 버려진 내력을
본래대로 동여보려는
긍휼한 정성 한 묶음
모닥불로 활활 타올랐다.

불 속을 막 빠져나온
잘 구워진 아침이
낮빛을 밝히며
환한 세월로 모여드는 날,

떠도는 구름을 뭉쳐
청자 백자 빚어보려는 들뜬 열의로
경안천 4월의 엉덩이 바람 덩실거린다.

가마에 타오르던
도공들의 촉수가 달구지에 갸우뚱
수라상을 꽃피웠던 청자가
방긋 봄나들이를 하고

백자를 빠져나온 학이 춤을 춘다
드높이 날아오른다.

주여,
우리로 뜨거운 불을 지나게 하소서.

옷을 갈아입으며

꿈은 뒤죽박죽
생과 사가 얽힌다

진땀 배인 옷을 벗고
햇볕 아래 몸 말리니

늘 허기진 배
얼룩진 옷은
본래의 색을 찾기 어려웠다
양식을 빼앗긴 채
하루하루 버티던 날에는

— 그해 봄 아버지는 씨앗 뿌리기를 그만두었다 대신 밭마다 쑥을 심었다 아무것도 건질 것이 없는 가뭄의 때 어머니는 보릿고개를 넘기기 힘든 이웃들에게 거친 쑥떡을 한 번씩 나누어주었다 양재기에 쑥떡을 들고 돌아서며 절을 하던 그 사람들 덕에 칠 형제는 전쟁통에도 고스란히 살아남았으나 육신의 옷을 벗은 지 오래……

〉

피곤한 잠 속에 다시 진땀이 흐른다.
시간이 흐드러지고 얼룩이 번져 간다.
일어나 옷을 갈아입어야 한다.
티 없이 깨끗한 흰옷으로 갈아입고
준비된 새날을 맞이해야 한다.

길 끝에서

황막한 길에도
소낙비 쏟아져
꽃 무리 삽시간에
피었다 지고
가시나무꽃 피고 지고

숨고 싶고
부인하고 싶고
도망치고 싶을 때 있었으나
이끄는 대로 걸었네, 천천히

깃발 날리는 삶
창창한 꿈은
진작에 스러지고
이녁의 세월은 그렇게
깊은 강 건너

메마른 길 끝에

내가 놓여있네

밤 깊을수록

새벽이 가까워.

시와 종교는 전혀 다른 영역에 속해 있는 것처럼 보인다. 종교는 역사와 문명 전체에 걸쳐 있고, 시는 문화 예술의 일부라고 생각하는 것이 일반적이다. 종교가 거느린 광대한 문명사적 의미에 비해 시는 매우 작고 좁은 언어라는 영역에 속한 것처럼 보인다. 종교가 영적 구원과 불멸성을 지향한다면 시는 언어예술의 완전성을 지향한다.

— 최동호, 「한국 현대시와 종교적 상상」(<한국시학연구>, 제11호)에서

어둠이 짙어가는 시대에도
사랑하며 사는 것만큼 고마운 일은 없습니다.

이 책을 접하는 여러분 모두에게
하늘의 은혜가 함께하시길 기도하며.